She Believed She Could, So She Did

My Journal

My Journal

She Believed She Could, So She Did
Inspirational Quote & Pretty Daisy Flowers Cover Design Notebook/Journal
with 110 Lined Pages (8.5 x 11)
Copyright 2017 Don Cummings, My Journal
All Rights Reserved
First Edition
ISBN-13: 978-1547045570
ISBN-10: 1547045574

She Believed She Could, So She Did

My Journal

She Believed She Could, So She Did

My Journal

My Journal

She Believed She Could, So She Did

My Journal

She Believed She Could, So She Did

My Journal

My Journal

She Believed She Could, So She Did

My Journal

She Believed She Could, So She Did

My Journal

She Believed She Could, So She Did

My Journal

She Believed She Could, So She Did

My Journal

She Believed She Could, So She Did

My Journal

She Believed She Could, So She Did

My Journal

My Journal

She Believed She Could, So She Did

My Journal

She Believed She Could, So She Did

My Journal

She Believed She Could, So She Did

My Journal

She Believed She Could, So She Did

My Journal

She Believed She Could, So She Did

My Journal

She Believed She Could, So She Did

My Journal

She Believed She Could, So She Did

My Journal

She Believed She Could, So She Did

She Believed She Could, So She Did

My Journal

She Believed She Could, So She Did

My Journal

She Believed She Could, So She Did

My Journal

She Believed She Could, So She Did

My Journal

She Believed She Could, So She Did

My Journal

My Journal

She Believed She Could, So She Did

My Journal

She Believed She Could, So She Did

My Journal

My Journal

She Believed She Could, So She Did

My Journal

She Believed She Could, So She Did

My Journal

She Believed She Could, So She Did

My Journal

She Believed She Could, So She Did

My Journal

She Believed She Could, So She Did

My Journal

She Believed She Could, So She Did

My Journal

She Believed She Could, So She Did

My Journal

She Believed She Could, So She Did

My Journal

My Journal

She Believed She Could, So She Did

My Journal

She Believed She Could, So She Did

My Journal

My Journal

She Believed She Could, So She Did

My Journal

She Believed She Could, So She Did

My Journal

My Journal

She Believed She Could, So She Did

My Journal

She Believed She Could, So She Did

My Journal

She Believed She Could, So She Did

My Journal

She Believed She Could, So She Did

My Journal

She Believed She Could, So She Did

My Journal

She Believed She Could, So She Did

My Journal

My Journal

She Believed She Could, So She Did

My Journal

She Believed She Could, So She Did

My Journal

My Journal

She Believed She Could, So She Did

My Journal

She Believed She Could, So She Did

My Journal

She Believed She Could, So She Did

My Journal

She Believed She Could, So She Did

My Journal

She Believed She Could, So She Did

My Journal

She Believed She Could, So She Did

My Journal

My Journal

She Believed She Could, So She Did

My Journal

She Believed She Could, So She Did

My Journal

She Believed She Could, So She Did

My Journal

She Believed She Could, So She Did

My Journal

She Believed She Could, So She Did

My Journal

Made in United States
Orlando, FL
11 May 2022

17761578R00063